alguien me está molestando: el *bullying*

Annie Acevedo
Mimi González

ILUSTRACIONES DE **Daniel Rabanal**

Ediciones B
GRUPO ZETA

BARCELONA · BOGOTÁ · BUENOS AIRES · CARACAS · MADRID · MÉXICO D.F. · MONTEVIDEO · SANTIAGO DE CHILE

1.ª edición: noviembre 2010
1.ª reimpresión: agosto 2011

© De los textos: Annie Acevedo y Mimi González, 2010

© De las ilustraciones: Daniel Rabanal, 2010

© Ediciones B, S. A., 2010
Consell de Cent, 425-427 - 08009 Barcelona (España)

www.edicionesb.com

Printed in Spain
ISBN: 978-958-8294-64-3
Depósito legal: B. 23.270-2011
Impreso por: ROL-PRESS

Para recordar...

MITO

Al agredir al débil, el *bully* lo ayuda para que aprenda a defenderse.

REALIDAD

El miedo no ayuda a nadie a aprender. Al contrario, muchas veces, paraliza.

MITO

El *bully* tiene un montón de amigos.

REALIDAD

El *bully* siempre cuenta con una red social bien desarrollada. Tiene seguidores que lo admiran y lo apoyan, aunque normalmente lo hacen por temor, no por amistad. Amigos de verdad, que no le teman, tiene muy pocos.

MITO

El niño a quien hicieron *bullying* va olvidando lo sucedido a medida que crece y, con el tiempo, se vuelve fuerte.

REALIDAD

El tiempo no cura los efectos del maltrato. Los recuerdos dolorosos, y muchas veces traumáticos, acompañan hasta la madurez.

MITO

Los niños hacen más *bullying* que las niñas.

REALIDAD

Niños y niñas, por igual, pueden hacer *bullying*.

MITO

El *bully* es un estudiante medio o está por debajo de la media.

REALIDAD

El *bully* puede ser cualquier tipo de estudiante.

MITO

Si a alguien lo han humillado desde siempre, ya sabrá cómo manejar la situación o, al menos, ya no le importará, pues se habrá acostumbrado.

REALIDAD

Nadie se acostumbra al maltrato, siempre sufrirá y peor será el daño a su autoestima cuanto más tiempo pase.

MITO

Hay niños que buscan que el *bully* se meta con ellos: se visten y actúan de tal manera que lo atraen.

REALIDAD

Nadie pide que lo intimiden.

¿qué es *bullying*?

> ¡Me pasa todos los días! Ese grandullón me molesta en el recreo. Se burla de mí y todos se ríen. Me ha quitado mi dinero varias veces. Me amenaza con que si no me dejo, me voy a arrepentir. No se qué hacer… ¡A veces pienso que no voy a aguantar! Ayer fue lo peor: me hizo rogarle hasta que me devolvió la cartera. Me siento muy solo. Quisiera abrir un hueco y meterme ahí para siempre.

NICOLÁS, 11 años

*B*ullying es violencia. Es un acto que siempre causa dolor porque se hace a la fuerza y contra la voluntad de la persona o personas que la padecen.

Existen muchos tipos de violencia: violencia familiar, violencia de género, violencia entre pandillas, violencia en las parejas, violencia política y hasta violencia entre seguidores de distintas religiones.

 Cuando la violencia se da entre niños, entre niñas o entre niños y niñas y tiene estas tres características:

- **es intencional**
- **el agresor se aprovecha de que el otro niño o niña no se puede defender y,**
- **la agresión no ocurre una sola vez sino varias o muchas veces,**

 se llama *BULLYING*.

Hacer *bullying* es distinto a ser agresivo y también es distinto a tener un conflicto con otro.

• ¿Sabes por qué el *bullying* también se conoce como intimidación escolar?

• Porque el lugar donde usualmente se encuentran muchos niños es el colegio, lo que hace más probable que algunos de ellos intimiden a otros mientras están allí. Pero la intimidación entre niños puede darse también fuera del ámbito escolar, por ejemplo, en el barrio, en un club deportivo, en un club social, o en internet, y se sigue llamando igual: *bullying*.

El *bullying*, como todos los actos violentos, es devastador para quien lo sufre: la persona pierde la confianza en sí misma y la tranquilidad. El *bullying* humilla, atemoriza, llena de rabia y deseos de venganza. Es una situación que no desearíamos para nosotros ni para nadie que queramos.

Violencia no es lo mismo que agresividad

La agresividad, que no es necesariamente negativa, nos permite sobrevivir a situaciones difíciles. Ser agresivo en determinadas circunstancias no implica hacerle daño a alguien. Ser violento, en cambio, es utilizar la agresividad no para sobrevivir a una situación sino únicamente para destruir a otros.

El *bullying* destruye a la persona que lo sufre.

Si nadie interviene, un *bully* niño fácilmente se convierte en un *bully* adulto.

Sí hay salida…
Sí, el *bullying* es difícil de manejar, pero no imposible.
Ya te diremos cómo… paso a paso.

El *bullying* no es lo mismo que tener un conflicto con otro

Algunos adultos dicen: "A lo que antes se le llamaba pelea, ahora se le llama *bullying*". Pero no, no es verdad. Una pelea, o conflicto, es diferente al problema del *bullying*. Un conflicto consiste en que dos personas (o dos partes) están en desacuerdo sobre algo y cada una piensa que tiene la razón. Cualquiera de las partes en conflicto puede ganar y ambas pueden defenderse por igual, pues tienen el mismo poder. En cambio, cuando hay *bullying*, sólo una de las partes tiene el poder y la posibilidad de ganar siempre: el *bully*. En el *bullying* siempre habrá desequilibrio de poder.

● Dentro de la palabra *bullying* se encuentra la palabra *bull* que, en inglés, significa toro. Como el toro es tan grande y fuerte, produce miedo fácilmente. En la mayoría de los casos, el toro es un animal tranquilo; pero si lo amenazan, muy seguramente embestirá y se desquitará con quien esté más cerca, o con quien sea más débil que él, o con quien se lo permita.

● El término *bullying* viene de allí, porque un toro bravo es capaz de intimidarnos sólo con la mirada. *Bullying* —que se lee bul-ling— no tiene todavía una traducción formal en español. Al *bully*, los alemanes lo llaman tirano; los franceses, déspota; los italianos, prepotente; los brasileños, intimidador; los colombianos, *montador;* y los españoles, *matón.*

● Para no inventarnos otra palabra que signifique lo mismo, utilizaremos en este libro el término original en inglés, hasta que la Real Academia Española de la Lengua nos indique cómo debe llamarse en nuestro idioma.

Ocurre muy a menudo que cuando un niño o una niña trata mal a otro, ese comportamiento se relaciona automáticamente con el *bullying*. Pero no siempre todo lo malo en las relaciones es *bullying*. Aprendamos a identificar cuándo no se trata de *bullying*.

No hay *bullying* cuando:

- **Hay buena intención.** Los amigos se gastan bromas todo el tiempo, pero son bromas de corte respetuoso y a veces hasta cariñoso y no se hacen humillaciones ni se tratan mal a propósito. En este caso, no hay *bullying*.

- **Se trata de peleas o celos entre hermanos.** Nadie quiere a los hermanitos menores metidos en los asuntos de los "grandes"… En estos casos, no hay *bullying*… a menos que uno de los dos humille al otro con frecuencia.

- **El maltrato nunca se repitió.** Fue sólo una vez y no siguieron las humillaciones. Por ejemplo, un niño "grande", en el colegio, le quitó dinero a uno menor, sólo esa vez, nunca más: hizo algo incorrecto, pero eso no es *bullying*. En cambio, si se trata de una situación frecuente, sí lo es.

- **Había intención de hacer daño, pero no hubo víctima.** Como cuando, en un grupo de amigas, todas se ponen de acuerdo para excluir a una de ellas porque no hace lo que la líder le exige. La niña excluida decide no someterse a las reglas de la líder, ni ruega para que la acepten. En cambio, elige prontamente un grupo nuevo de amigas en el que no la maltraten. El grupo al que pertenecía quiso hacerle daño y ella, ante el maltrato, no negoció.

El *bullying* puede ocurrir en cualquier parte. En el colegio, en el barrio, en la calle, en internet, en una fiesta, en la casa de un amigo, en la nuestra, en el bus, en los baños del colegio, en centros vacacionales o deportivos. A fin de cuentas... el sitio es lo de menos: quien quiere hacer *bullying*, lo va a hacer sin importar donde esté.

Los niños que hacen *bullying* se aseguran de que los adultos o las personas con autoridad no noten su conducta. En el fondo, saben que no está bien. Lo que casi nunca calculan es el daño tan inmensamente grande que hacen al otro. Casi todos creen que sólo están molestando... y que no es para tanto.

Existen muchísimas formas de hacer *bullying*. Sin embargo, todas se pueden agrupar en cuatro grandes categorías.

Bullying físico

Algunos niños y niñas no sólo se burlan de otros o los excluyen, sino que también pueden llegar a abusar físicamente de ellos. Se consideran *bullying* de tipo físico actos como patear a otro, morderlo, pellizcarlo, darle puñetazos, empujones, coscorrones o cachetadas, ponerle la zancadilla, meterle bichos en el pupitre con intención de perturbarlo y lanzarle objetos —desde un simple borrador hasta un balón o una silla— para golpearlo desde lejos.

Nunca está bien hacerle daño a alguien, aunque esa persona nos lo haya hecho a nosotros.

El *bullying* físico no sólo humilla a quien lo sufre, también lo atemoriza, pues el riesgo de salir herido es real. Es común que a las personas que hacen este tipo de *bullying* "se les vaya la mano" y terminen haciendo más daño del que podrían haberse imaginado.

Bullying verbal

Cuando alguien nos pega, nos duele por fuera. Pero cuando nos hieren con apodos o burlas, nos duele por dentro, porque nos están ridiculizando. Ésta es una de las formas más comunes de hacer *bullying*. Es muy difícil defenderse del ridículo. Como nos atacan con palabras, parece que no duele, pero las heridas que nos dejan —aunque invisibles— son más difíciles de curar que las físicas. Además, quedan guardadas durante mucho tiempo porque es muy difícil sanarlas.

Las burlas constantes descalifican y humillan. Los apodos malintencionados son ofensas muy graves. Acaban con la estima y con la buena imagen que un niño o una niña tienen de sí mismos.

Los apodos parecen simples porque son palabras simples: gorda, gafotas, negro, lento, fea. Pero el dolor que generan no tiene nada de simple. Con las burlas, pasa lo mismo, parecen simples, pero de simples no tienen nada: "¡No puede! ¡No puede!", "¡Va a llorar! ¡Va a llorar!", "Buuhh… ¡Tenías que ser tú!".

Las amenazas son otra forma de *bullying* verbal que usan tanto niños como niñas. La amenaza también se puede llamar **extorsión**, que es obligar a una persona a hacer algo que no quiere. Sabemos que alguien nos está amenazando o extorsionando cuando nos dice una frase que implica que podríamos sufrir algún daño en el futuro si no hacemos lo que nos está diciendo. Tal vez la amenaza nunca se cumpla en realidad, pero no está bien, jamás, el hecho de sentirnos obligados a hacer algo no deseado –como entregar la merienda o el dinero, o tener que hacerle los deberes a alguien– para evitar que nos golpeen, que rompan nuestras cosas o se queden con ellas, o para evitar que inventen rumores sobre nosotros. Ser amenazado espanta y hace mucho daño. El niño que sufre este tipo de *bullying* siempre tiene miedo de ser atacado o golpeado. Llega aterrado al colegio o al barrio porque piensa que en cualquier momento las amenazas pueden cumplirse. Nadie que se sienta amenazado puede estar en paz.

Bullying mediante exclusión y rumores

La **exclusión** repetida e intencional es otra forma de *bullying*. Hay exclusión cuando una persona o un grupo de personas decide dejar a alguien fuera del grupo o de las actividades que éste normalmente realiza. (Como cuando –más de una vez– se invita a todos los amigos a salir, menos a esa persona que se acordó no invitar.)

Para todo el mundo es importantísimo pertenecer a un grupo y saber que es aceptado en él. Por eso ser excluido causa tanto dolor, pues la persona rechazada se siente abandonada y sola. Y nadie se merece que eso le suceda.

Hacer circular **rumores** sobre alguien para dañar su buena imagen o contar los secretos que una persona nos ha confiado para dejarla en ridículo son otras formas de hacer *bullying*. Éstos no sólo son actos deshonestos, sino también perversos. Atentan contra dos de las cosas más sagradas que tenemos todos: la intimidad y el honor.

Bullying virtual, *cyber-bullying* o *bullying* cibernético

La intimidación a través de adelantos tecnológicos como internet o el teléfono móvil se llama *bullying* virtual, *cyber-bullying* o *bullying* cibernético.

Esta categoría de *bullying* no es tanto un tipo de intimidación como un espacio virtual que se presta a muchas formas de intimidación. La diferencia respecto a los otros tipos de *bullying* está en que, en vez de que las cosas pasen cara a cara —como ocurría cuando el mundo virtual aún no existía—, suceden "en línea", en el ciberespacio: en páginas web, en sitios de "chat", en blogs o a través de mensajes de texto por teléfono móvil. Allí es posible burlarse, poner apodos, amenazar, excluir, inventar rumores, contar secretos, crear páginas web para invitar a opinar negativamente sobre una persona, utilizar identidades falsas para implicar a inocentes o enviar mensajes anónimos para dañar la imagen de alguien.

El *bullying* puede presentarse entre niños y niñas, aunque normalmente se da mucho más entre personas del mismo sexo.

Cualquier forma de *bullying* es dolorosa, pero el *cyber-bullying* tiene el agravante de que su alcance es inmensamente amplio.

Cualquier persona del mundo que pertenezca a comunidades virtuales donde se "cuelgue" información relacionada con víctimas de *bullying* puede enterarse de las humillaciones que sufren esas personas. La reputación de éstas, por lo tanto, se ve afectada en círculos mucho más amplios que los no virtuales. Además, en el *bullying* cibernético el agresor no ataca de frente, se esconde en el anonimato.

- Niños y niñas hacen *bullying* por igual. La diferencia está en la forma en que lo hacen.

- Los niños utilizan sobre todo la amenaza y la extorsión: exigen dinero, maltratan físicamente al otro, lo obligan a hacer sus deberes, le rompen sus cosas. Las niñas se valen mucho más de la exclusión y la hacen clara y evidente. Con la indiferencia, le hacen saber a la "rechazada" que ya no la quieren cerca, secretean delante de ella, hacen circular rumores que la dañan y cuentan sus secretos.

El *bullying* es un proceso. Y, como todos los procesos violentos, con el tiempo tiende a agravarse si nadie interviene.

Así comienza

Por lo general, los casos de *bullying* comienzan suavemente, como si fueran un juego. En esta etapa inicial, no es muy fácil identificarlos como lo que verdaderamente son, pues el niño, por ejemplo, ni siquiera sabe muy bien si le han gastado una broma pesada o si la intención de hacerle daño iba en serio. Tras varias bromas pesadas, quienes las presencian suelen ponerse del lado de quien las hace: no sólo porque pueden parecerles chistosas, sino también porque casi nadie es capaz de ponerse del lado de quien sufre por miedo a comenzar a ser, él mismo, blanco de bromas.

Así es muy grave

La persona afectada ya tiene el problema identificado. Puede que no sepa que se llama *bullying*, pero sí sabe que le causa dolor y ya no quiere encontrarse con quienes le hacen daño. Cuando

los ve venir, incluso antes de que pase algo, su pulso se altera y comienza a sentir miedo. Se culpa a sí misma por no ser capaz de defenderse. Sabe que, aunque trate de hacer o decir algo para "zafarse", va a perder de todas maneras. Se llena de rabia porque va a ser humillada y sabe que, de nuevo, no sabrá defenderse y nadie la defenderá. Las cosas empeoran cada vez más, hasta que llega un punto en que casi todos los días el *bully* se burla de ella, o la excluye, o la amenaza, o le hace bromas físicas muy pesadas que la ponen en ridículo.

Así es imposible de manejar

Con apenas una mirada del *bully,* el afectado ya se siente dominado. Siente en su interior unas ganas inmensas de llorar y esconderse. Tiene tanta rabia que sólo puede pensar —aunque esto no sea aceptable— en cómo vengarse. Se siente realmente triste, tanto que ya no quiere hacer nada, ni siquiera las actividades que usualmente le gustaban; empieza a sacar malas notas en el colegio; se molesta o llora por casi todo; ya no duerme igual que antes; ni siquiera su apetito es el mismo.

La crueldad del *bullying* ha alcanzado su máxima expresión y el sufrimiento de la persona afectada es realmente severo. En este punto, son tan grandes el dolor, la culpa y la rabia acumulados que la persona que los sufre puede llegar a reaccionar violentamente con otros y hasta consigo misma.

Desde hace 30 años se ha venido hablando del problema del *bullying*.

La persona que lo definió como tal fue **Dan Olweus**, un doctor en psicología que ha hecho numerosas investigaciones y ganado muchos premios desde entonces.

Olweus nació en Suecia y vive en Noruega. Sabe tanto del tema que las universidades más importantes de Estados Unidos e Inglaterra lo han invitado a que enseñe a sus profesores.

Hoy, sus teorías se ponen en práctica en países como Noruega, Suecia, Inglaterra, Escocia, Irlanda, Holanda, Alemania, Australia y Japón.

El *bullying* es un problema que existe en todo el mundo y puede afectar a cualquier persona, sin importar su raza, condición social, religión, cultura o idioma. Sin embargo, es más frecuente en los países donde desafortunadamente hay una "cultura de la violencia".

Por ejemplo, se presentan numerosos casos en países de América Latina como El Salvador, Colombia, Venezuela y Guatemala, donde urge combatirlo.

El hecho de que el *bullying* haya sido nombrado y definido apenas hace 30 años no quiere decir que no existiera antes, pues se sufre desde que el ser humano está en el mundo…

La parte positiva es que, una vez nombrado y definido, también comenzó a ser combatido.

y tú... ¿quién eres? ¿el agresor, el agredido o un testigo?

"No sé ni por qué hago *bullying*. Sólo sé que cuando lo hago me siento bien porque me siento poderoso. Me siento muy fuerte. Sólo la idea de saber que alguien me tiene miedo me gusta. Y cada vez que veo a esa persona que me tiene miedo, me dan ganas de volvérselo a hacer. Parecen bobas y, por bobas, se las monto. Yo uso su miedo mientras me dejen, y cuando me pierden el miedo, pues no molesto más. Yo no muestro mis miedos. Al revés, es lo que mejor escondo."

FELIPE, 13 años

Normalmente, las bromas son tan divertidas que la mayoría de las veces ni siquiera se nos ocurre que la persona a quien se le gastan necesita ayuda.

Si los adultos confesaran, algunos dirían que recuerdan que, cuando eran niños, le gastaban bromas muy pesadas a algún compañero de curso. Y si se les preguntara si alguna vez fueron humillados, sólo los valientes lo reconocerían. Pero muy probablemente no oiremos nunca que alguno prefirió defender al que era blanco de bromas pesadas, en vez de mantenerse del lado de quienes las hacían.

Lo cierto es que a todos nos ha pasado… Es muy probable que, alguna vez, alguien haya querido escogernos como su "presa" para burlarse de nosotros, o nosotros nos hayamos reído con las burlas a otros. Y seguramente no hayamos defendido a quien se le gastaban bromas.

¿QUÉ HACE QUE ALGUNOS NIÑOS INTIMIDEN ASÍ?

EL QUE AGREDE

Es evidente que un niño que es capaz de pensar que otro no tiene cómo defenderse y por eso lo escoge con la intención de llenarlo de miedo, un niño que tiene el coraje de amenazarlo, que usa su astucia para evitar que las autoridades lo descubran, que disfruta intimidando y además siente ganas de repetir la agresión está seriamente confundido. Es un niño que necesita ayuda, que necesita ser orientado con urgencia.

Cuando tú eras pequeño, entre los compañeros del colegio ¿os hacíais bromas pesadas?

Razones por las que un niño hace *bullying* pueden ser:

1. **En su familia ocurren muchos actos violentos y él no puede defenderse de ellos ni defender a los demás.**

   En los hogares en los que manda una sola persona que exige que las otras obedezcan –y éstas lo hacen por miedo–, habrá hijos que "aprenden" que sus puntos de vista no son tomados en cuenta, que sus decisiones no tienen importancia y que ellos no son capaces de ponerse sus propias metas. El trato humillante del autoritarismo lleva a que todos los miembros de la familia vivan con miedo y a que los castigos formen parte de su vida cotidiana. El aprecio que reciben depende de su obediencia. Éste no será nunca un amor sano ni amable.

2. **En su familia se vive un ambiente de "aquí gana el más fuerte" y, por tanto, de "malo el que se deje humillar".**

   Las relaciones familiares de este tipo se dan todos los días y se vuelven "normales y aceptadas" porque no hay una autoridad que dé otro ejemplo. Los hijos de estas familias viven siempre en competencia, y la competencia no permite que sus relaciones sean sanas porque deja sólo dos opciones: ganar o perder. El perdedor siempre sentirá que carece del derecho a ser respetado, admirado, apreciado o defendido. Y al ganador poco le importará cómo se sienta el otro. Sólo le importa ganar.

 Intimidar, o acosar, significa asustar, hacer que otro sienta miedo. Existen razones que llevan a que algunas personas intimiden a otras.

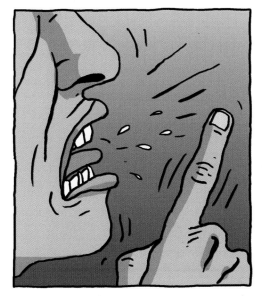

3. **En su familia no existen reglas ni límites: en su hogar, todo vale, y todos los miembros de la familia se permiten perder el control.**

Los hijos criados en hogares así no pueden aprender a ponerse límites a sí mismos. Y cuando no hay reglas, nada funciona bien. Estos niños son intolerantes, creen que siempre tienen la razón, están convencidos de que pueden maltratar a otros si quieren y de que los demás deben hacer lo que ellos digan, no aprenden a ayudar a nadie. Lo que sí aprenden es que los otros no importan porque ellos son los "príncipes" y "princesas". Estos niños no sólo sufren, sino que también causan mucho sufrimiento a otros.

A los hijos de hogares con estos problemas les resultará muy difícil aprender a "ponerse en la piel del otro" e imaginarse el dolor tan grande que le causan cuando lo intimidan.

 Cualquiera de las tres situaciones anteriores lleva a que un niño reciba todos los días "clases" de cómo ser un buen *bully*.

Algunas características que puede tener un *bully*:

- Ha aprendido en casa que tratarse mal es aceptable y normal.

- Se siente bien cuando logra que le tengan miedo.

- Hace daño a otros niños cuando los adultos no lo ven.

- Puede ver como presas fáciles a los más jóvenes, a los tímidos o a cualquiera que, según él, no se pueda defender.

- Hace bromas chistosas pero muy crueles.

- Hace *bullying* porque eso le da estatus entre sus amigos.

- Necesita dominar y controlar a otros porque, para él, eso significa poder.

- Es muy probable que no sea feliz, aunque piense que sí lo es.

- Necesita urgentemente apoyo y afecto.

- Necesita estar cerca de personas que den ejemplo de buen trato.

- Necesita aprender cómo sienten los demás.

- Necesita, aunque cueste trabajo creerlo, que le hagan caer en la cuenta del daño que hace.

● En un colegio puede encontrarse todo tipo de niños y niñas, y allí se puede esperar que cada quien se comporte según lo que ha visto en casa. Si ha visto respeto, probablemente tratará a los demás con amabilidad y sin ofenderlos. Si ha vivido en medio de generosidad y cooperación, seguramente desarrollará gratitud y empatía. Si ha visto preocupación por el que está mal, posiblemente sacará tiempo para ayudar a otros. Si ha crecido en un ambiente de violencia, vivirá con mucho miedo, inseguridad, rabia, frustración, deseos de venganza y, en muchos casos, con ansias de sentir que controla una situación que, en casa, evidentemente se le escapa.

● Cuando un colegio no acepta malos tratos ni violencia y, por lo tanto, difunde permanentemente el mensaje de que ningún niño debe sufrirlos, no sólo comienza a combatir el *bullying*, sino que además manda ese mismo mensaje a las familias y a toda la comunidad.

¿Cómo sé *que estoy siendo un bully*?

- **Primero**, porque disfruto con que un niño o niña en particular me tenga miedo.

- **Segundo**, porque cada vez que veo a esa persona me dan ganas de decirle o hacerle cosas desagradables.

- **Tercero**, porque sé que siempre llevo las de ganar pues esa persona no se puede defender.

- **Cuarto**, porque no admiro a esa persona. Me parece que se merece lo que le hago. Me parece un atontado.

- **Quinto**, porque sé que tengo seguidores, y eso me hace sentir poderoso.

¿Qué hacer si soy un *bully*?

¡¡¡¡¡¡PARAR!!!!!!

 Si has aprendido que maltratar es aceptable, te han enseñado mal. No existe ni una sola razón que justifique maltratar a alguien.

¿QUÉ HACE QUE ALGUNOS NIÑOS NO SE PUEDAN DEFENDER?

EL AGREDIDO

Cuando alguien nos trata mal, eso nos sorprende, nos duele mucho, nos da rabia. Si no hemos aprendido a defendernos, aparte de experimentar dolor y rabia, nos sentimos enfadados con nosotros mismos porque comenzamos a creernos bobos e incapaces. Y eso hace que nos entre miedo. Miedo a que se repitan las situaciones que tanto daño nos hacen. Miedo a encontrarnos con la persona que nos trata mal. Miedo a que todos se den cuenta de que no podemos defendernos.

Nadie que esté pasando por una situación de *bullying* puede ni debe manejarla solo. Es demasiado doloroso. Nadie se merece que lo maltraten. Necesita urgentemente que le presten atención y lo ayuden.

La mayoría de los niños que no se pueden defender cuando el *bully* los escoge es porque no han aprendido a hacerlo. Enfrentarse a un *bully* es una de las cosas más difíciles para un ser humano.

¿Por qué escoge el *bully* a determinada persona como blanco?

- Posiblemente el agredido no haya hecho absolutamente nada para alentar al *bully* y éste lo escoge simplemente "porque sí". Como cuando un ladrón escoge a alguien sólo porque pasaba por ahí en ese momento.

- Es probable que el agredido tenga un poco de responsabilidad porque, en cierta medida, le ha facilitado las cosas al *bully*. De manera similar a cuando el dueño de un coche se queja de que se lo robaron, pero resulta que lo había dejado abierto y con las llaves puestas, cuando el agredido ha irritado una y otra vez, una y otra vez al *bully*, es posible que el resultado sea que éste termine fijándose en él como "presa".

- Puede suceder que el intimidado tenga aún más responsabilidad que el *bully*. Estos casos son muy graves. Aunque son poco habituales, existen niños y niñas que escogen a alguien que les parece fuerte –y que sienten que podría ser un *bully*– para justificar su deseo de convertirse en víctimas y, de esta manera, lograr que los otros niños sientan lástima por ellos.

Algunas características de la persona escogida por el *bully*:

- Puede ser una persona diferente en algo a la mayoría de su grupo: más alta, más baja, más guapa, menos guapa, más inteligente, menos inteligente, más rápida, más lenta, mejor en los estudios, peor en los estudios.

- Puede ser un niño que no está expuesto a malos tratos en su hogar y, por lo tanto, no tiene olfato para identificar una agresión y responder rápidamente.

- Puede ser de los que hacen chistes cuando no conviene.

- Puede ser el "empollón" del curso. Por lo general, alguien hace *bullying* a los "empollones".

- Puede ser de los que lloran fácilmente, de los de "lágrima fácil".

- Puede ser de los que se lo toman todo en serio, que casi no toleran bromas ni chistes sobre ellos.

- Puede ser hijo de padres sobreprotectores que, sin querer, le han enseñado que no puede decir o hacer nada por sí mismo.

- Puede ser alguien ansioso e inseguro.

- Puede ser de los que pelean por todo, de los que toman parte en todos los conflictos.

- Puede ser calmado y haber aprendido a ser obediente y complaciente. No sólo no sabe decir "no", sino que además busca la aprobación de los otros permanentemente.

- Siempre es alguien que no sabe defenderse.

¿Cómo sé que me están haciendo *bullying*?

- **Primero**, has identificado plenamente que te están humillando, que lo que te están haciendo no es un juego, que te están tratando mal intencionalmente.

- **Segundo**, has comenzado a sentir que ya no quieres ir al colegio o a donde puedas encontrarte a la persona que te está intimidando.

- **Tercero**, no quieres contarle a nadie lo que te está pasando porque piensas que, si hablas, las cosas pueden empeorar.

- **Cuarto**, tienes mucho miedo y te sientes muy triste, enfadado y solo porque no sabes cómo defenderte.

- **Quinto**, estás convencido de que eres un atontado.

 Aunque hagamos todo lo posible por evitarlo, siempre estaremos expuestos a que un *bully* nos escoja como blanco. Es posible que no sepamos por qué nos ha escogido, pero rápidamente debemos aclararle que ha hecho mal.

 ¿Te meterías con un toro sin saber torear?

Aprendiendo a torear

¿Qué debo hacer? ➡️

Un buen torero no se hace de un día para otro.

Así que vamos por partes: ➡️

1 Utiliza un cuaderno sólo para esto.

Anota en él todo lo relacionado con lo que te está pasando.

Asegúrate de **no llevarlo** al colegio. Es **muy** importante que nadie lo vea.

2 Comienza por hacer una lista de tus miedos.

Incluye hasta los que te parezcan más raros y tontos.

Identifica cuáles son los miedos que el *bully* te despierta.

3 Observa todos los días al *bully*.

Haz una lista de sus miedos (hasta los que te parezcan más absurdos).

Al principio vas a creer que el *bully* no le teme a nada.

Pero, después de observarlo, vas a darte cuenta de que, como todo ser humano, también tiene miedos.

¿Tus miedos y los del *bully* se parecen? ¿Seguro...?

Este ejercicio te va a servir para darte cuenta de que el *bully* no es más poderoso que tú. Es una persona normal y corriente.

4 Apunta todas las acciones y burlas que el *bully* dirige contra ti.

Hazlo con fecha y hora, como si llevaras un diario.

Eso te servirá para identificar su forma de hacer *bullying* y como base para poder elaborar tu propio plan.

Descubre cuál es su forma de ataque:

● Tipo de humillación (de qué se burla, apodos, amenazas).

● Cada cuánto te humilla (todos los días, sólo algunos, sólo por la mañana, mañana y tarde, cada vez que te ve o sólo algunas veces).

● Dónde te humilla (salón de clase, baño, corredores).

● En presencia de quién te humilla (solo, acompañado de algunos niños –apunta sus nombres–).

● Con qué situaciones te humilla (cada vez que hablas, cada vez que juegas, cuando sales a la pizarra).

5 Estudia al *bully*. Obsérvalo bien.

Cuanto más conozcamos al toro, ¡mejor sabremos torearlo!

Apunta qué hace bien, qué hace mal.

● ¿En qué es bueno?

● ¿Lo tratan bien los profesores?

● ¿Algo lo acompleja?

● ¿Oculta algo?

● ¿Lo ves débil cuando está solo?

● ¿Es torpe?

● ¿En qué brilla?

● ¿En qué es astuto?

● ¿Tiene amigos que lo quieren o lo siguen por temor?

Esto nos ayuda a saber quién es en realidad el toro.

Detalla cómo trata a los demás.

● ¿A quiénes trata bien y a quiénes mal?

● ¿Qué crees que piensa cuando trata bien a alguien?

● ¿Qué crees que piensa cuando trata mal a alguien?

Asegúrate de que no se te pase ningún detalle.

No apuntes nada (es mejor que nadie se entere de tus observaciones), sólo algunas palabras clave que cuando llegues a casa te ayuden a recordar lo que observaste.

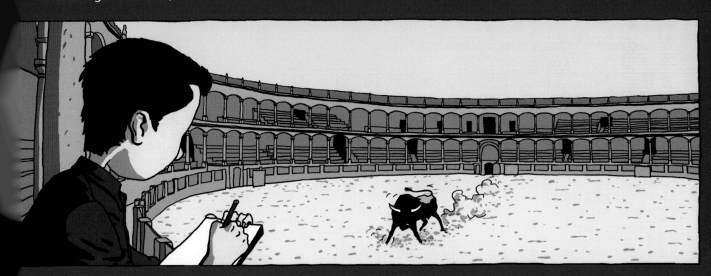

Puede que pienses que tú eres el único a quien el *bully* está intimidando, pero cuando lo observes actuar detenidamente, verás que hay otros que están pasando por lo mismo.

Esto nos dice cómo sale el toro al ruedo.

Fíjate en cómo se defienden los demás

● Trata de identificar a quién le funciona qué y a quién no.

● Haz una lista de los nombres de aquellos a quienes humilla y descubre qué tienen en común esas personas. Ésa será la característica que probablemente más irrite al *bully* y por ella escoge a sus "presas".

Un toro embiste a quien esté en el ruedo.

Observa quién lo sabe torear y toma apuntes de cómo lo hace cuando llegues a casa. Así aprenderás la técnica de los buenos toreros.

Encuentra su lado frágil, que a la vez es el que lo hace violento.

Recuerda que el *bully* también tiene sus puntos débiles y frágiles.

Aunque, por ser violento, parece que no le teme a nada, ten por seguro que algo o alguien lo asusta.

● Puede tener en casa un padre violento que lo atemoriza.

● Puede tener un hermano que lo maltrata.

● Puede ser que su madre tenga problemas con el alcohol.

● Puede que se sienta estúpido porque no brilla como sus padres quisieran o porque le va muy mal académicamente.

● O puede que simplemente haya sido muy mal educado y no le hayan enseñado que debe ser respetuoso con todo el mundo.

Este punto te ayudará a hacer la lista de miedos que crees que pueda tener tu "toro" (punto 3).

Cuantos más miedos tenga, más violento será.

Y cuanto más violento, más emocionante la corrida…

Por supuesto… todavía no es hora de meterte al ruedo. De momento estamos en la parte teórica.

Del toro, ya conoces el lado violento.

Cuando le encuentres el lado frágil, podrás saber por dónde "te metes" para capotearlo.

6 Busca con quiénes podrías contar (tanto niños como adultos).

Lo más importante es que no te sientas solo.

Niños:

● Identifica quiénes son los más fieles seguidores del *bully* –no son todos los que forman parte del grupo, fíjate y verás–, pues ellos son los últimos con quienes podrías contar.

● Mira también quiénes no lo siguen tanto, pero de todas maneras se ríen de sus burlas contra otros. Con ellos tampoco puedes contar. Es evidente que no te van a defender.

● Busca a los que no se ríen de sus burlas. Ellos son una buena opción. De ese grupo, los que mejor te caigan son los más indicados. Y encuentra a los que ya han defendido a alguien. Ellos ya han superado el miedo de enfrentarse a un *bully* y muy seguramente lo volverían a hacer.

Adultos:

● Piensa también en algún adulto que te dé mucha confianza, con quien te sientas seguro y a salvo. Búscalo.

Antes de contarle lo que te está sucediendo, haz que te prometa muy seriamente no contarle nada a nadie ni hacer nada hasta que los dos hayáis preparado un plan A y un plan B.

Sé muy honesto con esa persona. Descríbele todos los detalles. No tiene por qué darte vergüenza, porque ése es precisamente el problema: te han hecho creer que eres débil por no saber cómo defenderte. Recuerda que eso no es cierto. Compartir tu dolor con alguien en quien confías, te aliviará.

Escoge bien a las personas que formarán tu cuadrilla, porque ellas serán tu mayor apoyo. ¡Nunca verás a un torero toreando solo!

7 Con toda la información que has recogido hasta ahora, elabora un plan.

● Invita a tu cuadrilla y entre todos conversad sobre qué hacer.

Tu cuadrilla puede estar conformada por el adulto (o adultos) de tu confianza, por tus mejores amigos y por tus amigos nuevos (a los que en tus observaciones notaste que tampoco les agrada el *bully*).

● Repasa lo que te gustaría decirle al *bully* cuando seas capaz de enfrentarte a él y defenderte. ¿Cómo te gustaría responderle?

Recuerda de que el toro esconde su lado frágil. ¿En dónde lo harías sin correr riesgos?

Asegúrate de que sea un lugar donde te sientas a salvo y de que el *bully* no esté acompañado por sus seguidores.

● ¿Cuándo piensas que puedes estar listo para enfrentarte al *bully*?

● ¿Quién te va a ayudar?

● ¿Qué quieres que haga(n) esa(s) persona(s) antes, durante y después de que te defiendas del ataque del *bully*?

● ¿Qué crees que va a pasar después?

8 Evalúa tu plan.

- ¿Te gusta?

- ¿Te hace sentir fuerte?

- ¿Te pone nervioso, pero te hace sonreír?

- ¿Te hace sentir capaz?

¿Y si no funciona?

¡¡El plan B!!

Un plan B es un plan alternativo, parecido al primero pero con respuestas distintas, por si acaso el plan A no funciona.

¡No todo nos tiene que salir bien la primera vez!

Todos los toreros han sido embestidos por el toro en la arena antes de aprender a torear bien. Y casi todos vuelven a levantarse... ¡para intentarlo de nuevo!

dos
parte práctica

1 Mientras preparas el plan, evita al *bully*.

Ignorar al *bully* es muy difícil.

Muchas personas dicen que si no le prestas atención, él se aburre y no te molesta más.

Pero a veces el efecto es el contrario y el *bully* se siente más estimulado a molestarte hasta que finalmente logra una reacción tuya.

Si todavía no sabes usar el capote, no te pongas delante del toro.

Y si de pronto te encuentras en el ruedo sin estar listo para afrontar una corrida… ¡usa los burladeros! Es decir, ¡evítalo!

2 Sal al ruedo si, y sólo si, tienes el plan A y el plan B listos.

● **Sal al ruedo con tu cuadrilla. Deja de evitar al *bully*.**

Preséntate acompañado por las personas que te van a apoyar según el plan.

Esas personas van a seguir a un valiente…

¡Y el valiente eres tú!

Acuérdate: ser valiente no significa que no tengas miedo. Significa que no te dejas amedrentar.

● **No abandones el ruedo antes de tiempo.**

Aunque el *bully* no te ataque, no te vayas.

Hazle saber que ahí estás y espera a que embista.

Éste es el momento que requiere mayor valentía porque estás enfrentándote no al *bully* sino al miedo.

● **Mira al toro a los ojos.**

Sin huir, sin hablar. Piensa en sus miedos, no en los tuyos. Y espera a que empiece con sus típicas burlas.

● **Prepara tu capote. Ahora suelta tu mejor frase, la planeada, la acertada.**

Algo como:

"No tengo ninguna intención de responderte. No vale la pena".

Antes habrás ensayado cómo vas a hablarle al *bully*: con un tono muy seguro, sin temblor en la voz, sin gritar.

¡Valiente!

● **OOOOLÉÉÉÉ...**

Las burlas del *bully* no le funcionaron porque **¡por primera vez no te hizo daño!**

● **Prepara tu capote otra vez.**

No le des la espalda al toro porque ahora va a estar más bravo.

Vuelve a mirarlo a los ojos, sin huir, sin hablar.

Piensa en sus miedos y espera a que te amenace o se burle de ti con más crueldad.

Y entonces suelta la segunda frase planeada.

Otra vez, la acertada.

Algo como:

"Aquí el único que necesita hacer sentir mal a los demás para sentirse bien eres tú. Te repito: no tengo ninguna intención de responder a tu provocación".

El tono, igual que antes: muy seguro, decente, respetuoso y sin gritar.

¡Valiente!

● **OOOOOOLÉÉÉÉÉÉ...**

Por segunda vez, el toro pasó y, ¡no te tocó!

Aquí es cuando comienzas a oír los aplausos de tu plaza. Porque los aplausos van por dentro.

¡Lo lograste!

No sólo porque te pudiste defender del toro, sino también porque pudiste defenderte de tu miedo.

● **Recoges tu capote y te retiras.**

¡Te sientes orgulloso de ti como nunca antes!

Y de ahora en adelante ya sabes que si te vuelven a invitar a una fiesta taurina, tú ya sabes torear.

¿POR QUÉ CASI NADIE DEFIENDE A QUIENES SUFREN EL BULLYING?

Porque todos sentimos miedo. Porque **creemos que las personas deben cuidarse por sí solas. Porque sentimos terror al presenciar la violencia o la crueldad hacia otro. Porque a veces somos amigos de quienes hacen** *bullying*, **pues así nos sentimos protegidos.** Porque parece que es más fácil ser testigo silencioso, pero eso no es cierto. Al no denunciar el *bullying*, estamos asegurando la continuidad de una "cultura del terror": damos al *bully* más poder del que en realidad tiene.

Algunas características de los testigos

Los que son cómplices

- También hacen *bullying*.
- Siguen al líder.
- Se apoyan unos a otros y así diluyen su culpa en el grupo.
- Les interesa mantener un estatus de poder mediante el miedo.
- Justifican sus actos tratando de convencer a los demás de que hacen lo que hacen por respaldar a un amigo (al *bully*).

Los que se ríen y no hacen nada más

- Es posible que no se den cuenta de que con su risa causan dolor.

- Justifican los actos de *bullying* pensando que quien sufre se lo merece.

- Les resulta muy cómodo celebrar las burlas y no defender al que las sufre.

- Puede interesarles más pertenecer al grupo de los "fuertes".

Los que deciden no hacer nada porque "eso" no es problema de ellos

- Son apáticos. Aunque puedan defender al que sufre, prefieren no correr ningún riesgo.

- Son indiferentes. Les da igual que estén haciendo daño a alguien. Justifican su actitud pensando que quien sufre no es cercano a ellos, por lo que no es problema suyo.

 Es muy difícil que una persona pueda combatir sola el *bullying*.

Los que no se ríen pero tampoco saben qué hacer

- Sienten temor de agravar la situación si intervienen.
- Piensan que podrían convertirse en la nueva presa del *bully*.
- No saben si deben denunciar que hay un caso de *bullying* y tampoco saben a quién ni cómo lo podrían denunciar.
- No saben qué se debe decir o hacer cuando el *bully* está maltratando a otro.

Los que defienden al que sufre

- Son muy pocos.
- Ya han defendido a otro antes.
- Afrontar el miedo los ha hecho fuertes.
- Logran comprender al otro y sentirse responsables por él.

 **Pero cuando son muchos los que dan la batalla... ¡El triunfo está cerca!**

¿Cómo sé que estoy siendo testigo?

En el fondo, todos sabemos qué nos hace sentir bien y qué nos hace sentir mal. Y todos nacemos con la capacidad de "ponernos en la piel del otro". Siempre hay algo que nos avisa de que esa frase, esa burla, esa amenaza que le hicieron a otra persona es dolorosa para ella. En el momento en que sospechamos el dolor del otro, nos convertimos en testigos.

¿Qué debo hacer si soy testigo?

Nunca deberíamos ser indiferentes a un acto de crueldad. Si no hacemos nada, es como si nosotros mismos apoyáramos el *bullying*.

Lo primero y lo más importante es romper el silencio, pues éste protege todos los actos de *bullying*.

El primer silencio que debemos romper es ese que nos lleva a quedarnos callados con quien sufre. Cuando veamos solo a quien ha vivido un episodio de intimidación, podemos acercarnos y decirle que no nos sentimos bien con lo que le está pasando, que no nos parece correcto, que no es justo, que no se lo merece, y debemos preguntarle qué podemos hacer para ayudarle. Si la persona que está sufriendo siente que no está sola y que tiene un aliado —ojalá varios—, va a sentirse más fuerte, con menos miedo y más capaz de llegar a defenderse.

El siguiente silencio que debemos romper es el de quedarnos callados con quienes deben conocer el problema, es decir, con los adultos de confianza. Lo bueno de hablar con ellos será que ya no estaremos lidiando solos el problema y la red de ayuda al que sufre se hará cada vez más grande. Y cuanto más grande sea la red, más fuerte será.

 No podemos dar la espalda
a las personas que nos necesitan.
Por lo menos, nosotros no.

la reparación: cómo recuperar la paz

"Cuando me hacen *bullying*, todo me duele. Me duele no saber por qué me lo están haciendo. Me duele no saber qué fue eso tan horrible que se supone que hice para que me traten así. Me duele sentirme tonta. Y me duele mucho tener tanto miedo. Pero lo que más me duele de todo es sentirme totalmente sola, sin que a nadie le importe mi dolor."

GABRIELA, 12 años

Pobrecita la bobita, no sabe cómo hacer para conseguir un novio...

Yo nunca le hice nada para que me persiga así. Ya no la aguanto más

Es muy importante que se lo digas así. Yo creo que ella se va a dar cuenta de que no...

Está bien. Yo ni sé por qué te molesto. Voy a dejar de hacerlo.

Todos deberíamos dar a quien se ha equivocado la oportunidad de entender el daño que nos ha causado y ver cómo nos han afectado sus actos.

Todos los niños del mundo tienen derecho a ser respetados, apreciados, y a sentir que son importantes para otras personas. Ninguno debería pasar por el dolor de ser humillado. Cuando uno humilla a otro —a solas o en público—, busca restarle dignidad. Por eso es responsabilidad de todos impedir la humillación, y si alguien ha sido humillado, es nuestro deber hacer que se recupere prontamente, es necesario reparar su dolor y devolverle la paz. También es necesario que el ofendido y el ofensor se reconcilien.

Todos tenemos derecho a equivocarnos, pero debemos enmendar el dolor que causamos.

Cuando los adultos éramos niños y nos equivocábamos, la forma de corregirnos era mediante el castigo, pero poco nos enseñaban a enmendar.

Hoy en día, sabemos que si el *bully* es sólo castigado, tal vez nunca llegue a entender qué devastador es el dolor que ha causado y no tendrá cómo ponerse en la piel del otro. Además, perderá la oportunidad de presentarle disculpas sinceras al ofendido y de llegar a un acuerdo con él para devolverle la paz. Por eso hay que propiciar actos que permitan reparar el daño que se ha hecho.

Una reunión en círculo es una muy buena herramienta de reparación.

Sentarse en círculo es un rito que existe desde los orígenes de la humanidad. En los tiempos antiguos —y desafortunadamente cada vez menos en nuestros días—, la gente se sentaba así para comer, para jugar, o se agrupaba alrededor de una fogata para contar historias, para celebrar algo o para conversar y tomar decisiones de grupo. Esta costumbre tan antigua puede sernos muy útil en actos de reparación del dolor en los casos de *bullying*.

¿Cómo funciona?

Los expertos en manejo del *bullying* de muchas partes del mundo conocen muy bien los beneficios de las reuniones en círculo. De ellos hemos aprendido, por ejemplo, que cuando ha habido un caso de *bullying* y todos los que tienen algo que ver (el que ha ofendido, los afectados, los testigos y las familias) se sientan en círculo para conversar, es más fácil afrontar el problema.

En estas reuniones, una persona ajena al asunto pide al ofensor que responda a tres preguntas básicas: ¿Qué pasó? ¿A quién piensas que afectaste? ¿Qué puedes hacer para devolver la paz a quienes afectaste? Después, las personas afectadas expresan lo

También deberíamos dar al que ha sufrido la oportunidad de expresar su dolor y de proponer acciones que puedan devolverle la paz.

que sienten, respondiendo también a tres preguntas: ¿Qué pasó? ¿Cómo te afectó lo que pasó? ¿Qué acciones te servirían para recuperar la paz?

Cuando la reunión termina, todos sienten que han aliviado su malestar y su dolor. Es importante saber que el objetivo no es que todos terminen siendo amigos, sino que logren llegar a un acuerdo que los beneficie a todos.

Lo que el *bully* gana después de participar en un círculo

- Se da cuenta del efecto de sus actos al escuchar el dolor de los afectados.
- Desarrolla empatía.
- Su versión es escuchada.
- Puede explicar que reconoce el error y que su conducta pasada no lo hace necesariamente una persona mala.

Lo que los afectados ganan después de participar en un círculo

- Recuperan la paz.
- Se sienten escuchados.
- Confirman que su dolor importa a los demás.
- Aprenden el dolor que causa un acto equivocado.
- Pueden perdonar.

Lo que los testigos ganan después de participar en un círculo

- Toman conciencia del dolor del otro.
- Se dan cuenta de que pueden ayudar a quien sufre.

- Aprenden que cualquiera puede cometer un error y que puede enmendarlo si se lo propone.

- Les queda muy claro el inmenso dolor que el *bullying* puede causar.

- Aprenden a quién tienen que acudir cuando ven o saben de actos de *bullying*.

- En estas reuniones, todos ganan: el agredido puede expresar su dolor y comenzar a sanar sus heridas; el agresor tiene la oportunidad de cambiar positivamente porque entiende el dolor que causaron sus acciones; todos los testigos, a partir de ahí, pueden reflexionar sobre lo que está en sus manos para ayudar.

La reparación no reemplaza las acciones disciplinarias. Habrá acciones de este tipo que tendrán lugar al mismo tiempo que el proceso de reparación. Esas acciones deben aplicarse en el colegio, el hogar, el barrio o cualquier lugar donde se haya producido el *bullying*.

En el *bullying* todo es cuestión de decisión:

- Uno decide hacer *bullying* y qué tipo de *bullying* hacer.

- Uno decide enfrentarse o no enfrentarse al miedo que produce el *bullying*.

- Uno decide ser testigo cómplice, que no hace nada mientras presencia la crueldad.

- Uno decide ser un héroe silencioso y hacer algo para ayudar a aliviar el dolor que siente una persona que aún no ha podido defenderse.

Tus padres podrían:

- Servirte de refugio, escuchando todo lo que te pasa.
- Evitar que te culpen o te juzguen como una persona débil.
- Enseñarte cómo manejan ellos sus propios miedos.
- Guiarte para que aprendas con quién puedes contar.

El colegio debería:

- Garantizar que te sientas a salvo.
- Contar con personas que conozcan el tema, con quienes puedas hablar.
- Guiar a los padres, profesores y estudiantes en lo que deben hacer cuando ven o saben de actos de *bullying*.
- Tener una política clara para manejar los problemas de *bullying* que se presenten.
- Aplicar acciones disciplinarias en los casos de *bullying*, como las aplica a cualquier otro acto de violencia.

Lo que podrías hacer tú:

Siempre, siempre, siempre debes cuidar de tus amigos. Trátalos bien. Cuando tratas bien a los demás, pero bien de verdad, no te dan ganas de hacer *bullying*, no te sientes bien si ves que a alguien le están haciendo *bullying* y no permites que te hagan *bullying* a ti porque exiges que te traten como tú tratas a los demás.

Todas las personas del mundo se sienten bien tratadas cuando:

Las apoyan.

Las saludan.

No las dejan solas.

Las escuchan.

Las dejan opinar.

Les hacen favores.

Se disculpan cuando han cometido errores con ellas.

Les dan las gracias.

Les cumplen las promesas que les han hecho.

Les dicen cosas bonitas.

Les regalan de sorpresa algo que les gusta.

Les prestan atención.

Comparten con ellas.

Las miran a los ojos.

Les sonríen.

Las abrazan.

Las protegen.

Las hacen sentir especiales.

Las invitan a planes que les gustan.

Las tienen en cuenta para tomar decisiones.

Les preguntan si necesitan algo y si las pueden ayudar.

Les hacen sentir que cuidan de ellas.

Las hacen sentir importantes.